60 Liebesgedichte auf Deutsch: Die Schönste Sammlung von Gedichten der Welt

Josyie Anifka

"Ich liebe dich nicht nur für das, was du bist, sondern auch für das, was ich bin, wenn ich mit dir zusammen bin" - *Elizabeth Barrett Browning*

Inhaltsverzeichnis

Zwei Seelen vereint 1

Liebe im Laufe der Zeit 2

Bedingungslos 3

Ein Schmerz in meinem Herzen 5

Gebrochenes Herz 7

Eine Liebe ohne Grenzen 9

In der Lage zu sein 15

Ich werde dich nie vergessen 17

Der edle Prinz 18

Sumerisches Gedicht 19

Das Feuer, das alles bewirken kann 20

Wahre Liebe 21

Deshalb lieben wir uns 23

Liebe und Bosheit 24

Loyalität in Ihnen 25

Mythen vom Reich der Liebe 26

Licht und Schatten 29

Ängste 30

Ich wünsche Ihnen 31

Reine Liebe 33

Er hat mich nicht geliebt 34

Seele in Trauer 36

Eine unwirkliche Liebe 39

Danke, Mama 49

Liebe zur Familie 50

Liebe als Paar 51

Leben 52

Vorwort

Im Schweigen der Nacht, wenn das Herz stark schlägt und die Seele nach ihrem Gegenstück sucht, werden Worte zu Versen und Verse werden zur reinsten Ausdrucksform der Liebe.

Stell dir einen Ort vor, an dem die tiefsten und reinsten Gefühle zu Worten werden, die die Seele und das Herz berühren. Dieser Ort existiert und es ist das Universum der Poesie. In diesem Buch "60 Liebesgedichte auf Deutsch: Die schönste Gedichtsammlung der Welt" findest du eine Zusammenstellung der schönsten und bewegendsten Liebesgedichte, die je geschrieben wurden.

Jedes Gedicht ist ein literarisches Juwel, das Leidenschaft, Zärtlichkeit, Nostalgie und Glück hervorruft, das nur die Liebe wecken kann.

Diese Sammlung wird dich auf eine Reise durch die Jahrhunderte mitnehmen, um die Schönheit der Poesie in all ihren Erscheinungsformen zu entdecken. Hier findest du Verse, die dich inspirieren, die dich bewegen und die dich von wahrer Liebe träumen lassen. Bereite dich darauf vor, von der Leidenschaft der Worte mitgerissen zu werden und in die erhabene Welt der Poesie einzutauchen. Dies ist zweifellos die schönste Gedichtsammlung der Welt.

Inhalt

Vorwort

Inhalt

Prinzessin Yosire

Zwei Seelen vereinigt

Liebe im Wandel der Zeit

Bedingungslos

Ein Schmerz in meinem Herzen

Es gibt keinen Grund mehr zu kämpfen

Gebrochenes Herz

Eine Liebe ohne Grenzen

Internes Feuer

Geh nicht zu meinem

In der Lage zu sein

Ich werde dich nie vergessen

Der edle Prinz

Sumerisches Gedicht

Das Feuer, das alles bewirken kann

Eine wahre Liebe

Deshalb lieben wir uns

Liebe und Bosheit

Loyalität in Ihnen

Mythen vom Reich der Liebe

Licht und Schatten

Ängste

Ich wünsche Ihnen

Reine Liebe

Er hat mich nicht geliebt

Seele in Trauer

In den Schatten deiner Seele

Was es tun kann

Eine unwirkliche Liebe

Entfernung

Eine Wunde in der Seele

Traurigkeit

Hoffnung
Versuchen Sie
Ängste
Eine Träne des Abschieds

Prinzessin Yosire

In der alten Stadt der Seelen,

lebte eine Prinzessin von unvergleichlicher Schönheit,

Ihr Name war Yosire, und ihr Herz schlug,

auf der Suche nach der wahren und unvergesslichen Liebe.

Und so kam es, dass Asirm seinen Weg kreuzte,

ein mutiger und leidenschaftlicher Mann,

der ihm ewige und aufrichtige Liebe versprach,

Und sie liebte ihn, ohne zu zögern, mit ihrem ganzen Wesen.

Er hinterließ ein Leben in Luxus und Reichtum,

und machte sich mit ihrem Geliebten auf den Weg in die fernen Länder von Yaneh,

wo sie sich ein einfaches, aber liebevolles Zuhause aufgebaut haben,

und sie lebten glücklich und zufrieden, ungeachtet des Mangels und der Entbehrungen.

Trotz Kritik und Missbilligung durch seine Familie,

Yosire folgte ihrem Herzen und kämpfte ohne Angst um ihre Liebe,

und obwohl er nie in die alte Stadt der Seelen zurückkehrte,

Ihre Geschichte wurde mit großer Ehre in die Liebesbücher geschrieben.

Und so lebte die Prinzessin von Yaneh glücklich und verliebt,

in einem Haus voller Liebe und Glück,

den Beweis für die wahre Liebe,

ist stärker als jeder Reichtum und jede Eitelkeit.

Wenn Sie also zu irgendeinem Zeitpunkt das Gefühl haben, dass die Liebe Sie ruft,

folgen Sie ihm mutig und furchtlos,

denn wie Prinzessin Yosire kannst auch du finden,

eine reine und echte Liebe, die dich mit Glück und Liebe erfüllt.

Zwei Seelen vereint

In einem Land, das voller Gefahren und Ängste ist,
Zwei Krieger liebten sich mit Kraft und Offenheit,
aber das Schicksal würde sie für immer trennen,
in einem Abschied voller Schmerz und Leid.
Er, ein tapferer und starker Krieger,
Er musste in ein fernes und feindliches Universum aufbrechen,
um gegen riesige und mächtige Bestien zu kämpfen,
um seine Bevölkerung zu schützen und wertvolle Leben zu retten.
Sie, eine Kämpferin mit Mut und Entschlossenheit,
Er musste bleiben, um seine Heimat und sein Land zu schützen,
aber sein Herz zerbrach in tausend Stücke,
Sie wusste, dass ihr Geliebter bald weit weg sein würde.
Sie umarmten sich fest, ihre Körper zitterten,
und als ihre Tränen fielen, beschleunigte sich die Zeit,
Er sollte gehen und sie sollte bleiben,
einen Abschied, den sie nie vergessen werden.
Ein Abschiedskuss brachte sie zum letzten Mal zusammen,
und während ihre Körper sich voneinander entfernten, starb ihre
Liebe nie,
denn wahre Liebe ist größer als jedes Universum,
und würde immer bleiben, stark und ewig, wie die Sonne.
Er kämpfte tapfer und mutig in diesem unbekannten Universum,
und obwohl er nie zurückkehrte, blieb ihre Liebe immer lebendig,
und sie beschützte ihre Welt mit Kraft und Leidenschaft,
Sie wusste, dass ihr Geliebter immer in ihrem Herzen sein wurde.

Liebe im Laufe der Zeit

In einer Nacht des dunklen Himmels,

zwei junge Menschen liebten sich innig,

und obwohl sie wussten, dass sie bald getrennt werden würden,

Sie wussten, dass ihre Liebe ewig halten würde.

Er, ein Raum- und Zeitreisender,

bald in ein anderes Universum aufbrechen würde,

in seinem Raumschiff wegsegeln würde,

an einen Ort, an dem Träume nicht gedeihen.

Sie, mit gebrochenem Herzen und Tränen in den Augen,

Ich wusste, dass ich mich bald würde verabschieden müssen,

aber er küsste sie zärtlich und leidenschaftlich,

Er versprach ihr, dass er sie immer lieben würde, ohne Bedingungen.

Das Schiff hob ab und sie sah zu, wie es verschwand,

zu wissen, dass seine Liebe nicht mehr da sein würde,

aber in seinem Herzen bewahrte er die Hoffnung,

dass sie eines Tages wieder zusammen sein würden, bei einem Tanz.

Doch das Schicksal hatte andere Pläne,

und er sah sie nie wieder,

aber ihre Liebe hielt über die Zeit an,

und sie starb mit einem Herzen voller Gefühle.

In einer Dimension, in der Träume nicht gedeihen,

wartete sie in der ewigen Ferne auf seine Rückkehr,

und obwohl die Zeit verging und er nicht zurückkehrte,

Ihre Liebe war für immer in sein Herz eingebrannt wie die Sonne.

Bedingungslos

Im alten Land der Inkas,
hat sich ein junger Krieger verliebt,
eines Mädchens von Adel und Schönheit,
dass ihr Herz mit ihrem Lächeln erobert wurde.
Aber ihre Familien würden das nicht zulassen,
denn sie sollte einen Adeligen heiraten,
und er war einfach ein tapferer Krieger,
mit einem Herz aus Gold und edel.
Dennoch schworen sie einander ewige Liebe,
auf dem Gipfel eines Berges in den Anden,
und schwor, gegen die ganze Welt zu kämpfen,
für immer zusammen zu bleiben.

Aber das Leben kann manchmal grausam sein,
und der Krieg trennte sie für Jahre,
und obwohl sie immer noch wartete,
wurde er zum Sterben in der Prärie zurückgelassen.
Der Schmerz, den das Mädchen empfand,
war tiefer als der Abgrund,
und jede Nacht habe ich seine Abwesenheit betrauert,
Er sehnte sich mit aller Kraft nach seiner Rückkehr.

Doch eines Tages kam die Nachricht,
dass seine Liebe im Kampf gefallen war,
und sein Herz zerbrach in tausend Stücke,
Ich wusste, dass ich ihn nie wieder sehen würde.
Das Dienstmädchen starb kurz darauf,

von Schmerz und Traurigkeit überwältigt,
und sein Name wurde auf seinem Grab eingraviert,
als eine Hommage an ihre Liebe und Schönheit.
So war es auch bei dem Krieger und der Jungfrau,
lebte eine unmögliche Liebe in den Anden,
eine Liebe, die über Zeit und Tod hinausgeht,
und der auch heute noch legendär und großartig ist.

Ein Schmerz in meinem Herzen

Herzzerreißende Liebe, brennender Schmerz,
verratenes Herz, schmerzende Seele.
Obwohl ich dich immer noch liebe, weiß ich, dass es kein Zurück
mehr gibt,
mein zerrüttetes Herz würde es nicht mehr aushalten.
Die Erinnerung an deine Küsse und Zärtlichkeiten bringt mich zum
Weinen,
Zu wissen, dass ich nicht mehr der Besitzer deiner Liebe bin, lässt
mich bluten.
Der Schmerz in meiner Seele ist so stark, dass ich am liebsten
verschwinden würde,
aber ich kann nicht vergessen, was ich einmal geliebt habe.
Ein anderer küsst deine Lippen, ein anderer streichelt deine Haut,
mein gebrochenes Herz kann diese grausame Rolle nicht ertragen.
Ich weiß, dass wir nicht mehr eins sind, dass die Liebe, die uns
zusammengebracht hat, weg ist,
aber mein Herz schlägt immer noch für dich, auch wenn es sich
zerstört fühlt.
Herzzerreißende Liebe, brennender Schmerz,
verratenes Herz, schmerzende Seele.
Auch wenn ich dich noch liebe, weiß ich, dass es Zeit ist zu gehen,
dieses Leiden hinter sich zu lassen und ein neues Leben zu suchen.

Es gibt keinen Grund mehr zu kämpfen

In meiner Brust eine tiefe Leere,
eine offene Wunde, ein gebrochenes Herz,
der Schmerz, wenn man weiß, dass die Liebe weg ist,
dass meine Träume verschwunden sind.
Ich habe dir meine Seele und mein ganzes Wesen gegeben,
Ich habe dich mit all meiner Kraft und meinem Verlangen geliebt,
aber jetzt ist meine Welt in Trauer,
meine Seele in Tränen, mein Herz in Trauer.
Ich kann nicht verstehen, warum du mich angelogen hast,
warum hast du mit meiner Liebe und meiner Existenz gespielt,
War es zum Vergnügen oder zum Spaß?
Es hat dir nichts ausgemacht, mich leiden zu lassen?
Der Schmerz verzehrt mich, er verwundet mich innerlich,
Die Tränen fließen, ich kann sie nicht aufhalten,
mein Körper zittert, meine Seele ist verwaist,
mein Verstand wird verrückt, mein Herz geht kaputt.
Es gibt keinen Trost für meinen Schmerz und meinen Kummer,
bleibt nur noch zu akzeptieren, dass die Liebe weg ist,
dass meine Welt dunkel und kalt geworden ist,
dass mein Herz nicht mehr für dich schlägt.
So endet meine traurige Liebesgeschichte,
So ist meine Seele in Stücke gebrochen,
Es bleibt nur, mutig voranzugehen,
in dem Wissen, dass die Liebe wiederkommen wird.

Gebrochenes Herz

In den Wäldern von Tenochtitlan,
hört man den Schrei eines lieblosen Mannes,
die ihre Jungfrau verlor, weil sie arm und wertlos war,
und nun findet sie sich in den Armen eines anderen Mannes wieder
- und in Leidenschaft.

Sein Herz brennt,
Traurigkeit überkommt ihn,
fühlt den tiefsten Schmerz, der je empfunden wurde,
einer Liebe, die nie erwidert wurde.
Aber sie ist die Einzige, die er liebt,
niemanden sonst lieben kann,
und sie in den Armen eines anderen Wesens zu sehen,
bringt ihn zu Tränen.
Das Feuer in seiner Brust brennt,
will sich am Kaiser rächen,
weil sie ihm das weggenommen haben, was er am meisten liebte,
dass er ihm seine kleine Liebe weggenommen hat.
Aber er weiß, dass Rache ihn nicht ausfüllen wird,
wird ihm seine Jungfrau nicht zurückgeben,
der Schmerz ist immer noch vorhanden,
und wird weiterhin in den Wäldern von Tenochtitlan weinen.
Traurigkeit und Herzschmerz begleiten ihn,
ein gebrochenes und schmerzhaftes Herz,
auf der Suche nach einem Weg zur Heilung,
aber mit dem Wissen, dass ihre Liebe unmöglich ist.
In den Wäldern von Tenochtitlan,

hört man den Schrei eines lieblosen Mannes,
die ihre Jungfrau verlor, weil sie arm und wertlos war,
und sie findet nun, dass sie ihr Herz verschenkt.

Eine Liebe ohne Grenzen

Zur Zeit der achtzehnhundert Jahre,
Zwei junge Menschen liebten sich mit großer Leidenschaft,
aber ihre Liebe wurde vom Kaiser verboten,
der sie verheiraten wollte, um ihre Liebe zu besitzen.
Er, ein bescheidener junger Mann mit einem edlen und reinen
Herzen,
Er hatte keine Reichtümer oder Titel, mit denen er angeben konnte,
aber seine Liebe zu ihr war stärker als Gold,
und ich würde gegen die ganze Welt kämpfen, um sie zu lieben.
Sie, eine schöne und mutige junge Frau,
wollte den Kaiser nicht ohne Liebe heiraten,
und obwohl er wusste, dass sie gegen ihn kämpfen würden,
Ihr Herz verlangte von ihr, mit demjenigen zusammen zu sein, der
sie glücklich machte, ohne Angst.
Gemeinsam flohen sie in die Nacht, in die Dunkelheit,
Sie überqueren Flüsse und Berge auf der Suche nach Freiheit,
Aber der Kaiser würde nicht so leicht aufgeben,
und seine Armee verfolgten sie unerbittlich.
In einer epischen Schlacht kämpften sie um ihre Liebe,
er mit seinem Schwert, sie mit ihrem Bogen und ihrem Mut,
Doch trotz ihres Mutes wurden sie besiegt,
und der Kaiser ergriff sie, voller Hass und Groll.
In ihrer Gefangenschaft wussten sie, dass ihr Ende nahe war,
aber ihre Liebe war stärker als jede Barriere,
Sie versprachen sich, sich für immer zu lieben, egal was passiert,
und in ihren Herzen trugen sie die Hoffnung auf ein Wiedersehen,
eines Tages, in der Ewigkeit.

Und so, in einer kalten, dunklen Nacht,
starben die beiden jungen Liebenden in ihrer reinen Leidenschaft,
in einer Liebe, die die Grenzen der Zeit übersteigt,
und ihre Geschichte würde für immer erzählt werden, wie ein episches und erhabenes Gedicht.

Internes Feuer

Die Liebe ist ein Feuer, das unbarmherzig brennt,
die alles verschlingt, was ihr im Weg steht,
und selbst wenn Sie ein Wesen mit großen Fähigkeiten sind,
verwandelt er dich in einen verliebten Verrückten.
Es spielt keine Rolle, wie stark Sie in Ihrem Verstand sind,
noch wie viel Macht Sie in Ihren Händen haben,
wenn die Liebe an deine brennende Tür klopft,
macht dich schwach und menschlich.
Ihre Intelligenz verschwindet im Handumdrehen,
Ihre Logik verliert sich im Nebel der Begierde,
und du wirst ein verrückter Liebhaber,
bereit, alles für diese Sehnsucht zu tun.
Der Liebe, die Sie empfinden, sind keine Grenzen gesetzt,
keine Vernunft, die seinen Vormarsch aufhalten kann,
Wir können nur mit dem Strom schwimmen,
die dich in den Wahnsinn und die intensivste Leidenschaft führt.
Haben Sie also keine Angst, ein bisschen verrückt zu werden,
wenn die Liebe mit Gewalt an deine Tür klopft,
denn nur dann können Sie den Schatz entdecken,
hinter diesem immensen Wahnsinn.

Eine starke Liebe ist wie ein Wirbelsturm,
die gnadenlos alles verwüstet, was sich ihr in den Weg stellt,
und man fühlt sich wie ein Orkan,
die dich in die intensivste und unvergleichlichste Leidenschaft
hineinzieht.
Es ist ein Feuer, das in Ihrem Herzen brennt,
und verzehrt dich bis zur letzten Ecke,

die einen den Verstand verlieren lässt,
und treibt dich in den Wahnsinn und die Besessenheit.
Aber trotz seiner Intensität,
kann auch süß und zart sein,
und Ihr Leben mit Glück erfüllen,
und ein ewiges Wesen werden.
Es ist ein Gefühl, das keine Grenzen kennt,
und das macht Sie fähig, Hindernisse zu überwinden,
und kämpfen gegen alles, was sich ihnen in den Weg stellt,
denn starke Liebe ist unzerstörbar.
Lassen Sie sich also von diesem Sturm mitreißen,
die Sie auf den Gipfel des Glücks führt,
und haben Sie keine Angst, sich selbst zu opfern,
zu dieser starken Liebe, die dich zum Schwingen bringt.

Gehen Sie nicht meine

In einer Welt voller Schatten und Geheimnisse,
wo der Tod auf der Lauer liegt,
zwei Seelen liebten sich wahnsinnig,
unabhängig davon, welches Schicksal sie in der Höhe erwartete.
Sie, eine edle und schöne junge Frau,
er, ein tapferer Krieger, der mit Ruhm kämpfte,
Gemeinsam trotzten sie den Göttern und dem Schicksal,
Sie umarmten sich in der Gewissheit, dass ihre Liebe echt war.
Aber die Zeit verzeiht nie,
und die Krankheit verzehrte ihn unerbittlich,
und ließ das Mädchen im Ungewissen,
und ihr Geliebter, der zum Tode verurteilt wurde.
Sie klammerte sich an die Hoffnung,
Sie kämpft mit aller Kraft für ihren Geliebten,
den Himmel für ihre Ungerechtigkeit beanspruchen,
und bettelt um ein Heilmittel, das ihn retten könnte.
Aber der Tod macht keine Ausnahmen,
und die Stunde der Abreise kam ohne Gnade,
und hinterließ eine unüberbrückbare Leere in seinem Herzen,
und ein immenser Schmerz in seiner Seele.
Also, in diesen dunklen und schwierigen Tagen,
musste das Mädchen ihren Geliebten gehen lassen,
mit einem gebrochenen Herzen und einer schmerzenden Seele,
aber in dem Wissen, dass ihre Liebe in seiner Erinnerung weiterleben
wird.
Und so war es auch, obwohl die Jahre in aller Ruhe vergingen,
und das Leben ging unaufhaltsam weiter,
die Liebe der beiden Liebenden im Mittelalter,

hat nie aufgehört, in der ewigen Flamme der Schönheit zu brennen.

In der Lage zu sein

In der Zeit der Ritter und Damen,
in einer Welt voller Tapferkeit und Heldentaten,
verliebte sich ein junger Mann unsterblich in sie,
einer schönen Frau mit einem verführerischen Blick und einem intelligenten Verstand.
Er, der bereit ist, alles für ihre Liebe zu tun,
Ich würde gegen die ganze Welt kämpfen, ohne Angst,
und sie, fasziniert von seinem Mut und seiner Loyalität,
Er gab sich seiner Liebe hin, ohne Vorbehalt und ohne Bosheit.
Doch eines Tages wurden sie durch eine grausame Tragödie getrennt,
und sie wurde von einem skrupellosen Feind entführt,
er, voller Schmerz und Verzweiflung,
schwor, sie zu finden und zu befreien, ohne zu zögern.
So begann seine Odyssee, seine unermüdliche Suche,
Reisen durch ferne Länder und unvorstellbare Gefahren,
Auf seinem Weg begegnete er Monstern und Drachen,
und immer schlug in seinem Herzen die Liebe zu seiner Geliebten wie ein Lied.
Es gab kein Hindernis, das ihn aufhalten konnte,
kein Wesen, das ihn zur Umkehr bewegen würde, wie schrecklich es auch sein mag,
Er war immer noch mit Schwert und Schild voraus,
und das Bild der Geliebten als Leuchtturm in seiner Welt.
Auf seinem Weg fand er Verbündete und Feinde,
und in jeder Schlacht bewies er seinen Mut und seine Tapferkeit,
bis schließlich, nach jahrelangem Kampf,

erreichte das Schloss, in dem seine Geliebte gefangen gehalten wurde, auf dem Gipfel eines steilen und harten Berges.

Dort forderte er den Feind mit all seiner Kraft heraus,

und kämpfte mit ihm, wie ein Löwe auf der Jagd,

bis endlich, mit dem letzten Schub,

besiegte den Bösen und rettete seine Geliebte.

Gemeinsam kehrten sie siegreich und triumphierend nach Hause zurück,

und ihre Liebe war stärker als alle Widrigkeiten,

denn in ihren Herzen wussten sie, dass sie dazu bestimmt waren,

um für immer zusammen zu sein, in Glück und Treue.

Und so wurde seine Geschichte zu einer Legende,

ein Gedicht der Liebe und des Mutes, das über Zeit und Ewigkeit hinausgeht,

und in den Herzen derer, die wirklich lieben,

es wird immer ein Stück dieser Geschichte, dieser unvergleichlichen Liebe, dieser Realität geben.

Ich werde dich nie vergessen

In der Kälte der Nacht,
mein Herz klopft,
die Traurigkeit zu spüren, die mich verzehrt,
und der Schmerz über den Verlust meines Geliebten.
In sternenlosen Nächten,
Ich erinnere mich an die Liebe, die wir einst hatten,
und die Leere, die sein Weggang hinterlässt,
ist eine Last, die ich nicht tragen kann.
Ich suche vergeblich nach einer Antwort,
eine Erklärung für seine Abreise,
aber alles, was ich habe, ist Schweigen,
und der Schmerz darüber, dass er nicht mehr da ist.
Erinnerungen überfluten mich,
fühlt sich die Zeit wie eine Ewigkeit an,
und jede Sekunde ohne sie,
ist ein Schlag ins Herz, eine Wunde, die nicht heilt.
In meiner Einsamkeit verliere ich mich,
auf der Suche nach einem Licht, das mich leitet,
aber ich finde nur Dunkelheit,
und die Leere eines gebrochenen Herzens.
In der Kälte der Nacht,
mein Herz klopft,
die Traurigkeit zu spüren, die mich verzehrt,
und der Schmerz über den Verlust meines Geliebten.

Der edle Prinz

Es gab einen Prinzen in Persien,
von edlem Blut und tapferem Herzen,
sondern seine Liebe zu einem Haschischdealer,
änderte sein Schicksal auf überraschende Weise.
Nabia war ihr Name, und ihre Schönheit bezauberte den Prinzen,
der sich sehr in sie verliebt hat,
und trotz der Ratschläge und Warnungen seiner Untertanen,
beschloss, auf seine Nachfolge als König zu verzichten.
Sein Vater, König Ahasveros, konnte das nicht verstehen,
wie ein Fürst auf sein Recht auf den Thron verzichten konnte,
und versuchte, ihn wegen Ungehorsams zu inhaftieren,
aber der Prinz war bereits in das ferne Indien abgereist.
Dort, in einem unbekannten und exotischen Land,
fand seine Geliebte und begann ein neues Leben,
Ich ließ alles zurück, was ich je gekannt hatte,
um mit der Frau zusammen zu sein, die ihn in ihren Bann gezogen
hatte.
Und obwohl er nie in sein Heimatland und auf seinen Thron
zurückkehrte,
lebte glücklich mit Nabia, seiner Prinzessin aus Töpfen,
und wurde als legendärer Held verehrt,
der alles für die Liebe und die Freiheit aufgegeben hat.

Sumerisches Gedicht

Es war einmal ein junger Prinz,
in einem fernen und bezaubernden Königreich,
der sich unsterblich in eine einfache Hirtin verliebt hat,
und gab seinen Thron für seine Liebe auf.
Sie war schön und einfach,
eine Blume des Feldes, die ihn bezauberte,
und obwohl seine Familie diese Verbindung nicht akzeptiert hat,
war er bereit, für die Liebe alles zu tun.
Der Fürst gab seinen Reichtum und seine Macht auf,
und ging weit weg mit seiner geliebten Hirtin,
ein einfaches und liebevolles Leben zu führen,
an einem Ort, an dem sie niemand beurteilen kann.
Doch das Leben in Armut war nicht einfach,
Der Prinz hat seine Wahl nie bereut,
und wurde zu einem Symbol für Liebe und Aufopferung,
für alle, die an die wahre Liebe glauben.
Wenn Sie also jemals das Gefühl haben, dass die Liebe ruft,
erinnere dich an die Geschichte eines tapferen Prinzen,
der für die Liebe zu einer Hirtin alles aufgab,
und fand das Glück in einer anderen Welt.

Das Feuer, das alles bewirken kann

Die Liebe ist ein brennendes Feuer,
das tief im Herzen brennt,
eine Flamme, die alles erleuchtet, was sie berührt,
und das fühlt sich wie ein schönes Lied an.
Liebe ist ein Band, das verbindet,
zwei Seelen in einem Wesen,
ein Gefühl, das nie vergeht,
und das lässt uns glauben.
Glauben Sie an die Macht der Liebe,
in der Kraft der Leidenschaft,
in der Süße eines Kusses,
und in der Emotion eines Liedes.
Die Liebe ist ein göttliches Geschenk,
das uns mit Glück erfüllt,
eine Kraft, die uns aufrecht erhält,
und gibt uns die Kraft, weiterzumachen.
Ganz gleich, was passiert,
Die Liebe wird immer da sein,
ein helles Licht in der Dunkelheit,
und ein Grund zum Lächeln.
Lassen Sie sich also von der Liebe mitreißen,
fühle sein Feuer in deinem Herzen,
Lassen Sie sich von ihr mit Leidenschaft erfüllen,
und spüre das Glück in dir.

Wahre Liebe

Im alten Sumer,
im Reich des großen Nenrob,
lebte ein verliebtes Paar,
die um seine Liebe kämpften.
Sie war eine schöne Jungfrau,
Tochter des mächtigen Königs,
und er, ein bescheidener Arbeiter,
mit einem Herzen voller Glauben.
Trotz der Unterschiede,
ihre Liebe war echt,
und gemeinsam träumten sie von einer Zukunft,
in dem sie für immer vereint sein würden.
Doch das Glück währte nicht lange,
denn König Nenrob wollte nicht akzeptieren,
seine Tochter einen Arbeiter zu heiraten,
und seine Wut war entfesselt.
Er hat den Tod der Geliebten angeordnet,
und die Jungfrau weinte ohne Unterlass,
denn seine Liebe war bestraft worden,
und sie konnte nie wieder lieben.
Die Traurigkeit ergriff sein Wesen,
und sein Herz hörte auf zu schlagen,
für den Tod ihres Geliebten,
war das Ende seiner Existenz.
So endete ihre Liebesgeschichte,
eine Tragödie im alten Sumer,
die uns daran erinnert, dass wahre Liebe,

gelingt nicht immer im ernsten Leben.

Deshalb lieben wir uns

Bedingungslose Liebe ist die reinste Liebe,
ein allumfassendes Gefühl,
die uns durch ihre Kraft stärker macht,
und führt uns dazu, das Glück zu berühren.
Aber manchmal, auf dem Weg zur Liebe,
Verrat und Betrug lauern auf der Lauer,
und unsere Seele, die dachte, sie sei glücklich,
ist gebrochen, verwundet und hoffnungslos.
Dann kann Rache süß erscheinen,
ein Balsam für unseren Schmerz,
aber sein Geschmack ist bitter und undankbar,
und lässt uns mit mehr Kummer zurück als zuvor.
Also lasst bedingungslose Liebe bedingungslose Liebe sein,
uns auf unserem Weg zum Glück zu begleiten,
und selbst wenn der Schmerz uns verletzt und uns verrät,
lassen Sie uns daran denken, dass es immer ein Licht am Ende des
Tunnels gibt.

Liebe und Bosheit

Liebe und Bosheit, zwei Seiten derselben Medaille,
in einem Spiel der Gefühle, das uns in den Abgrund führt,
wo die Liebe einst wie eine Sonne strahlte,
flackert auf und erlischt wie eine Flamme im Wind.
Die Bosheit ergreift Besitz von unserem Herzen,
und macht uns Lust auf Rache und Schmerz,
Sehnsucht nach Vergessen und Gleichgültigkeit,
die es uns ermöglichen, ohne Angst voranzukommen.
Aber auch dann ist die Liebe noch vorhanden,
wie eine Wunde, die nicht heilen will,
eine Erinnerung, die in der Seele schmerzt,
und lässt uns daran zweifeln, ob sie jemals wiederkommen wird.
Lassen wir also Bosheit und Groll hinter uns,
und lasst die Liebe wieder aufleben,
möge die Flamme wieder in unserem Wesen brennen,
und möge das Glück wieder erblühen.

Loyalität in Ihnen

Wenn Liebe verschmäht wird,
und Gefühle werden nicht erwidert,
kann das Herz gebrochen werden,
und Traurigkeit mag das einzige Schicksal sein.
Aber wenn man seinen Gefühlen treu bleibt,
und Ihre Würde und Integrität zu wahren,
auch wenn Enttäuschung und Verachtung das tägliche Brot sind,
verliere nie den Glauben an die Liebe und die Freundlichkeit.
Die Loyalität zu sich selbst ist der Schlüssel,
um Schmerz und Verachtung zu überwinden,
und obwohl die Heilung der Wunde einige Zeit dauern kann,
Verliere nie den Glauben an die Liebe und an dein aufrichtiges Herz.
Denn die Liebe ist eine starke Kraft,
die selbst die tiefsten Wunden heilen kann,
und auch wenn sie nicht immer erwidert wird,
bleibt das führende Licht in der tiefsten Dunkelheit.
Verlieren Sie also nicht die Hoffnung und den Glauben,
und behalten Sie Ihr Herz immer am rechten Fleck,
denn wahre Liebe wird immer siegen,
und der Spott und die Enttäuschung werden bald vergessen sein.

Mythen vom Reich der Liebe

In alten Zeiten, in einem fernen Königreich,
gab es eine Göttin der Schönheit und der Liebe,
dessen Herz sich danach sehnte, einen Gefährten zu finden
die es mit seiner Leidenschaft aufnehmen konnte.
Aber die Liebe war nicht leicht für sie,
denn sie war eine unsterbliche Göttin,
und die Sterblichen fürchteten seine Macht und seinen Glanz,
und wagte es nicht, sich ihr zu nähern.
Eines Tages, als ich durch einen verwunschenen Garten schlenderte,
fand die Göttin einen jungen Hirtenjungen,
dessen Herz mit einer gewissen Intensität schlug,
die der Flamme seiner eigenen Liebe zu entsprechen schien.
Obwohl er wusste, dass eine Liebe zwischen ihnen unmöglich war,
verliebte sich die Göttin unsterblich in den Hirten,
und gemeinsam erlebten sie Momente des Glücks,
die nur wahre Liebe gewährleisten kann.
Aber der König der Götter, eifersüchtig auf seine Liebe,
befahl der Göttin und dem Hirten, sich zu trennen,
und dass die Göttin ihre sterbliche Liebe vergessen würde,
und kehrt an seinen Platz am Sternenhimmel zurück.
Trotz der erzwungenen Trennung,
Die Göttin vergaß nie ihre Liebe zu dem Hirten,
und seine Präsenz am Nachthimmel,
Ich werde ihre Liebe immer in Ehren halten.
Und obwohl der Hirte alt wurde und starb,
Seine Liebe zu der Göttin hat nie nachgelassen,
und jede Nacht, wenn die Göttin am Himmel leuchtet,

die Liebe, die sie teilten, scheint auch durch, intensiv und

28

Licht und Schatten

In einer Welt aus Licht und Schatten
wo sich die Liebe zwischen den Felsen versteckt,
eine kühle Brise flüstert in dein Ohr,
die ein konfliktfreies Morgen versprechen.
Vögel fliegen frei durch die Lüfte,
singen Melodien der Freude und des Trostes,
während die farbenprächtigen Blumen
verschönern strahlend die Landschaft.
Die Sonne strahlt hell und wärmt die Haut,
und das Leben fließt wie ein endloser Fluss,
in dieser Welt, in der alles möglich ist,
und die Zukunft ist voll von unmöglichen Versprechungen.
Gehen Sie also ohne Furcht weiter,
denn der Weg zum Glück ist immer nah,
und mit jedem Schritt, den Sie machen, kommen Sie der Sache näher,
um die Liebe und den Frieden zu finden, nach denen Sie sich sehnen.

Ängste

Zu einer Zeit, als Reichtum das Gesetz war,
Es war schwierig zu heiraten, ohne viel zu bieten,
sondern für diejenigen, die nur Liebe hatten,
jemanden zu finden, war schwierig und schmerzhaft.
Geld und Titel waren das Wichtigste,
und diejenigen ohne wurden als weniger relevant angesehen,
aber die Liebe kennt weder Titel noch Reichtum,
und in armen Herzen gibt es auch Schönheit.
Also diejenigen, die nur ihre Liebe hatten,
Sie suchten endlos nach jemandem, der ihren Wert verstand,
jemand, der diese wahre Liebe kannte,
wird nicht an Reichtum oder Geld gemessen.
Und obwohl es viele Schwierigkeiten gab,
Die Liebe hat immer einen Weg gefunden, sich zu wehren,
und am Ende gab es immer einen besonderen Menschen,
die den anderen unabhängig von seinem sozialen Status
akzeptierten.
Denn am Ende ist das Wichtigste die Liebe,
und die, die es haben, sind über alle Maßen gesegnet,
und während Reichtum Komfort und Wohlbefinden bringen kann,
Die wahre Liebe ist diejenige, die dir wirklich zum Erfolg verhilft.

Ich wünsche Ihnen

Lieber Leser, lassen Sie sich von mir inspirieren,
mit Worten, die von Herzen kommen,
Ich werde Sie auf eine Reise der Gefühle mitnehmen,
in einer Welt voller Leidenschaft.
Ich werde von ewigen Lieben sprechen,
die über Zeit und Raum hinausgehen,
von sanften und zärtlichen Küssen,
von Blicken voller Helligkeit und Liebe.
Ich werde euch von vergossenen Tränen erzählen,
für eine Liebe, die nicht mehr da ist,
der Traurigkeit, die uns überfällt,
wenn das Herz gebrochen ist.
Aber ich werde Ihnen auch vom Glück erzählen,
der Momente, die uns in Schwingung versetzen,
der Illusion, die uns träumen lässt,
und gibt uns die Kraft zu kämpfen.
Ich lade Sie ein, mir auf diesem Weg zu folgen,
in dem Worte die Nahrung sind,
in denen Emotionen freigesetzt werden,
und das Herz schlägt mit Inbrunst und Gefühl.
Möge mein Gedicht etwas Besonderes in Ihnen wecken,
ein Funke, der dich träumen lässt,
eine Erinnerung, die Sie zum Lächeln bringt,
oder eine Träne, die Sie daran erinnert.
So, lieber Leser, beende ich mein Gedicht,
in der Hoffnung, Ihre Seele erreicht zu haben,
und haben einen Abdruck in deinem Herzen hinterlassen,

die ewig andauern wird, ohne jegliche Ruhe.

Reine Liebe

In der Stille der Nacht,
unter einem Himmel voller Sterne,
trafen sich zwei Seelen,
vereint in einer Liebe ohne Grenzen.
Sie sahen sich in die Augen,
und sie erzählten einander alles, ohne zu sprechen,
Ihre Blicke verstanden sich,
in einer Sprache, die nur sie sprechen konnten.
Die Zeit verging wie im Flug,
aber sie haben es nicht gemerkt,
weil sie in ihrer Welt verloren waren,
in ihrer Liebe, die sie stark machte.
Sie liebten sich jeden Tag mehr und mehr,
und das war es, was sie zum Weinen brachte,
weil sie wussten, dass es keine andere Liebe geben würde,
die so rein sein könnte wie die, die sie gemeinsam hatten.
Und so, unter dem Mondlicht,
umarmten sie sich fest,
weil sie das gemeinsam wussten,
allen Widrigkeiten trotzen konnte.
Denn die Liebe, die sie empfanden,
war stärker als jeder Sturm,
und selbst wenn die Zeit vergeht,
dass ihre Liebe weiterhin in der Dunkelheit leuchten wurde.

Er hat mich nicht geliebt

In der Dunkelheit meiner Seele,
Ich habe das Gefühl, dass alles verschwunden ist,
jeden Kampf, jede Anstrengung, jede Hoffnung,
war vergeblich, alles ist verloren.
Die Welt bricht um mich herum zusammen,
und ich habe das Gefühl, dass nichts einen Sinn ergibt,
jeden Schritt, den ich mache, jeden Traum, den ich verfolge,
scheinen dem Vergessen anheim gefallen zu sein.
In dieser Leere, in dieser Einsamkeit,
Ich dachte, ich hätte das Licht gefunden,
ein Licht namens Liebe, ein Licht, das leuchtete,
aber es stellte sich heraus, dass es nur eine Illusion war.
Diese Person, die behauptet hat, mich zu lieben,
der versprochen hat, immer an meiner Seite zu sein,
ging, als ich ihn am meisten brauchte,
Sie ließen mich mit meinem Schmerz und ihrer Verlassenheit allein.
Jetzt verstehe ich, dass er mich nie geliebt hat,
der nur aus Bequemlichkeit mit mir zusammen war,
dass ich nie mehr als ein Objekt ihres Interesses war,
und dass es ihr nicht wirklich etwas bedeutete.
Hoffnungslosigkeit umarmt mich,
Der Schmerz erstickt mich, die Einsamkeit frisst mich auf,
und ich frage mich, ob ich jemals das Glück finden werde,
oder ob mein Leben dazu bestimmt ist, ein ständiger Kampf zu sein.
Aber ich mache trotzdem weiter,
in der Hoffnung, dass eines Tages,
Ich werde einen Lichtstrahl inmitten von so viel Dunkelheit finden,

und ich werde wieder träumen und an das Leben glauben können.

Seele in Trauer

Das Herz klopft vor Schmerz und Trauer,
wenn die Zeit der Trennung kommt,
die Liebe deines Lebens für eine Verpflichtung zu verlassen,
und fürchten, seinen Gesichtsausdruck nie wieder zu sehen.
Tränen quellen in den traurigen Augen auf,
Traurigkeit überwältigt und die Seele ist trostlos,
in dem Wissen, dass das Spiel bereits entschieden ist,
und die Ungewissheit droht wie ein Schwert.
Die Liebe, die wir hinterlassen, ist wie ein Schatz,
die tief im Herzen getragen wird,
Sehnsucht nach seiner Gegenwart, jeden Tag und jede Stunde,
und freuen uns auf die baldige Wiederkehr dieser Gelegenheit.
Krieg oder Bedrohung sind grausame Situationen,
die uns unbarmherzig von unserem geliebten Menschen trennen,
und obwohl die Zeit vergeht, bleibt der Schmerz treu,
und begleitet uns wie ein Schatten in der Einsamkeit.
Es ist schwer, die Liebe unseres Lebens loszulassen,
weil wir ein Stück von uns selbst bei ihm gelassen haben,
und obwohl die Pflicht ruft, ist die Wunde noch offen,
und lässt uns seine Gegenwart mit großer Sehnsucht erwarten.
Aber trotz des Schmerzes und der Traurigkeit, die wir empfinden,
die Liebe, die uns verbindet, wird niemals sterben,
und es wird immer einen Platz in unseren Herzen geben,
für die Liebe, die wir zurücklassen.

In den Schatten deiner Seele

In der Stille der dunklen Nacht
die Schluchzer meiner Seele werden gehört
die nach verlorener Liebe weint
und für zerbrochene Träume.
Mein Herz fühlt sich leer an
wie eine Wüste ohne Oase
und mein Geist ist ein Wirbelwind
von endlosem Schmerz und Traurigkeit.
Die Einsamkeit ist mein Begleiter
auf dieser ziellosen Straße
und die Kälte der Nacht umarmt mich
als Erinnerung an meinen Schmerz.
Die Liebe, von der ich dachte, sie sei ewig
verschwand wie Rauch
und jetzt stehe ich hier allein
mit nichts als meinem Schmerz.
Mein Herz blutet in der Stille
und meine Tränen sind mein Trost
in dieser herzzerreißenden Nacht
wo der Schmerz mein einziger Begleiter ist.

Was es tun kann

Liebe hat unvergleichliche Macht
die die dunkelste Seele verwandeln kann
und das Licht im Herzen leuchten
des bösartigsten und sanftmütigsten Wesens.
Liebe ist wie die Sonne im Frühling
der die Blumen des Winters erweckt

und gibt ihnen die Kraft zu gedeihen
obwohl sie in der ewigen Kälte waren.
Liebe ist fähig zur Wiedergeburt
die müde und hoffnungslose Seele
und sie mit Leben und Freude erfüllen
wieder an die Bonanza zu glauben.
Liebe ist die leitende Kraft
auf dem Weg zum Glück
und zeigt uns, dass selbst die bösesten
kann sich ändern und das Gute finden.
Weil die Liebe keine Grenzen kennt
keine Grenzen, kein Status
und kann in die dunkelsten Ecken der Welt vordringen
mit seinem warmen Schein zu erleuchten.
Verlieren Sie also nicht den Glauben an die Macht der Liebe.
um eine Seele oder ein Herz zu verändern
weil seine Kraft wahr und ewig ist
und kann immer eine Veränderung bewirken.

Eine unwirkliche Liebe

Schmerz bringt uns näher,
in dem Wissen, dass ich dich nie persönlich treffen werde,
es schmerzt in meiner Seele und ist in meiner Person zu spüren.
Ich bin arm, und ich habe Angst, dass sie schlecht über mich denken
wird,
dass mein Mangel an Ressourcen sie zu einem Urteil veranlasst,
aber ich kann nicht anders, als sie zu lieben,
und lerne sie durch Briefe in einem Chatroom kennen.
Deine Worte transportieren mich
an einen fernen und schönen Ort,
wo Liebe möglich ist
und die Angst hat keine Ruhe.
Obwohl uns die Entfernung trennt
und Angst lässt uns zweifeln,
die Liebe, die ich für sie empfinde
ist stärker und ich kann nicht mehr schweigen.
Ich werde also weiter schreiben
und träumt von seiner Anwesenheit,
denn auch wenn ich sie nicht persönlich sehen kann,
seine Seele ist bereits Teil meiner Existenz.
Und so, durch die Briefe,
werden wir unsere Geschichte weiter schreiben,
eine Liebe, die die Entfernung überwindet,
und führt uns zum Sieg.

Entfernung

Die Entfernung entfernt uns voneinander,

aber unsere Liebe vergeht nicht,
von denen wir wissen, dass wir sie nie berühren werden,
Das heißt aber nicht, dass unser Glaube nicht wachsen wird.
Aber manchmal überkommt uns der Kummer,
und Einsamkeit macht uns sehnsüchtig,
wir wissen, dass unsere Liebe stark ist,
und dass wir immer zusammen sein werden.
Auch wenn sich unsere Körper nie treffen,
unsere Seelen vereinen sich in einer Umarmung,
und so, in der Ferne,
bauen wir eine Liebe auf, die sich nie auflöst.
Ganz gleich, wie viel Zeit vergeht,
ganz gleich, wie weit wir voneinander entfernt sind,
denn unsere Liebe ist ewig,
und es wird immer tief im Inneren bleiben.
Auch wenn uns die Entfernung trennt,
unsere Liebe vereint uns in derselben Realität,
und so weiter, im Universum der Buchstaben,
wir bauen unser Glück weiter aus.

Eine Wunde in der Seele

Verrat ist eine tiefe Wunde,
der die Seele gnadenlos durchbohrt,
schmerzt mehr als eine Stichwunde,
und lässt das Herz in Einsamkeit zerbrechen.
Wenn jemand, den man liebt, einen betrügt,
und spielt erbarmungslos mit Ihren Gefühlen,
Sie haben das Gefühl, dass die Welt aus den Fugen geraten ist,
und das Vertrauen, das Sie in diese Person hatten, ist dahin.
Tränen fließen in Ihre Augen,
und der Schmerz verzehrt dein Herz,
fragt man sich immer wieder, warum,
und man erkennt, dass Verrat die schlimmste Enttäuschung ist.
Verrat ist wie ein dunkler Schatten,
die Ihnen überallhin folgt,
und selbst wenn man versucht zu vergessen, bleibt die Erinnerung
bestehen,
und der Schmerz und die Traurigkeit verschwinden nie ganz.
Aber trotz all des Leids,
ist es wichtig, sich daran zu erinnern, dass man stark ist,
und dass, selbst wenn der Verrat Sie verletzt hat,
Sie haben die Fähigkeit, wieder zu lieben, wieder auf die Beine zu
kommen.
Lassen Sie sich also nicht durch Verrat zerstören,
Lass dich nicht vom Schmerz auffiessen,
Denken Sie immer daran, dass Sie mutig und stark sind,
und dass die wahre Liebe immer triumphiert.

Traurigkeit

Ich spüre die Last des Schmerzes in meiner Brust,

eine Last, die mich bedrückt und mich nicht in Ruhe lässt,

Ich habe das Gefühl, dass meine Seele in Stücke gerissen ist,

und das Herz in tausend Stücke gebrochen.

Tränen laufen mir über die Wangen,

wie ein Fluss, der nicht aufhört,

Bei jedem Schluchzen erschaudert mein Körper,

und meine Gedanken verlieren sich in einem Meer von traurigen Erinnerungen.

Die Traurigkeit umhüllt mich wie eine kalte Decke,

und ich habe das Gefühl, dass es kein Entrinnen gibt,

Ich fühle mich in einem dunklen Labyrinth gefangen,

kein Ausweg, kein Licht, keine Hoffnung.

Ich würde am liebsten schreien und meine Kleider zerreißen,

all die Wut und den Schmerz in mir herauslassen,

aber die Worte bleiben mir im Halse stecken,

und Stille ist meine einzige Gesellschaft.

Es ist schwierig, weiterzukommen,

wenn alles verloren scheint,

aber ich weiß, dass ich irgendwann einmal

wird die Sonne wieder in meinen grauen Himmel scheinen.

Bis dahin werde ich weiter weinen,

den Schmerz, der mich verzehrt, loszulassen,

in der Hoffnung, dass eines Tages,

den Frieden zu finden, nach dem ich mich sehne und der mich so sehr verzehrt.

Hoffnung

Die Hoffnung ist die Flamme, die nie erlischt,
ist die Kraft, die uns vorantreibt,
ist der Motor, der uns antreibt, unsere Ziele zu erreichen,
und um unsere größten und wichtigsten Träume zu verwirklichen.
Hoffnung ist der Atem, der uns Leben gibt,
wenn alles verloren und dunkel erscheint,
ist die Umarmung, die uns tröstet,
wenn wir uns einsam fühlen und verzweifelt in die Zukunft blicken.
Und obwohl es auf dem Weg dorthin Hindernisse und Herausforderungen gibt,
nichts kann uns aufhalten, wenn wir Hoffnung im Herzen haben,
denn wenn wir etwas mit aller Kraft wollen, dann ist es das,
nichts und niemand wird uns die Illusion rauben können.
Die Hoffnung gibt uns die Kraft, die wir brauchen,
weiterzumachen und niemals aufzugeben,
lässt uns glauben, dass alles möglich ist,
wenn wir mutig und furchtlos kämpfen.
Wenn Sie also einen Traum haben, den Sie verwirklichen wollen,
Verlieren Sie nicht die Hoffnung und kämpfen Sie weiter mit Kraft und Mut,
denn mit Glauben und Beharrlichkeit,
nichts auf dieser Welt kann dich davon abhalten, alles zu erreichen,
was du dir mit Liebe wünschst.

Ewiger Feind

Manchmal sehnt sich das Herz nach Liebe und Geselligkeit,
und wir sehnen uns danach, jemanden zu finden, mit dem wir das Leben teilen können,
aber der Weg zur Liebe ist nicht immer einfach,
und manchmal lässt sie uns leiden und erfüllt uns mit Traurigkeit und Melancholie.
Aber auch wenn Angst und Einsamkeit uns überfallen,
wir dürfen die Hoffnung nicht aufgeben, die wahre Liebe zu finden,
denn Liebe ist ein Gefühl, das uns vervollständigt und glücklich macht,
und sie ist der Schlüssel, der die Tür zu einer besseren Zukunft öffnet.
Wir sind jedoch nicht alle zur Liebe geboren,
und manchmal ist es besser, allein zu sein als in schlechter Gesellschaft,
denn Liebe ist eine Entscheidung und keine Verpflichtung,
und es ist nicht fair, uns zur Liebe zu zwingen, wenn wir die Leidenschaft nicht spüren.
Es ist besser, die Einsamkeit mit Dankbarkeit und Respekt zu akzeptieren,
und genießen Sie die Freiheit, die das Alleinsein uns gibt,
denn das Leben ist ein Weg voller Höhen und Tiefen,
und jeder muss seinen eigenen Weg mit Mut wählen.
Wenn also die Liebe noch nicht in dein Leben getreten ist,
Machen Sie sich keine Sorgen und haben Sie keine Angst vor dem Alleinsein,
Genießen Sie Ihre Freiheit und leben Sie jeden Augenblick mit Freude,

denn das Glück hängt nicht von jemand anderem ab, sondern von einem selbst.

Versuchen Sie

Zu lieben ist ein Akt des Mutes,
ein ungesicherter Sprung ins Leere,
ein Risiko, das viele nicht einzugehen wagen,
aus Angst, erbarmungslos verletzt zu werden.
Aber Liebe ist ein schönes Gefühl,
die uns mit Freude und Glück erfüllen können,
um uns lebendig und erfüllt zu fühlen,
und uns die Welt in Dankbarkeit zu zeigen.
Trotzdem ist die Angst vor der Liebe real,
und die Angst, verletzt zu werden, lässt uns zögern,
hindert uns daran, uns vorbehaltlos hinzugeben,
und hält uns von dem Glück fern, nach dem wir uns sehnen.
Aber wir müssen daran denken, dass wahre Liebe rein ist,
Es gibt nichts Mächtigeres auf dieser Welt,
und obwohl die Wunde des Verrats schmerzen mag,
es ist schmerzlicher, nie mit Leidenschaft geliebt zu haben.
Geben Sie also nicht der Angst vor der Liebe nach,
Lass deine Gefühle unaufhörlich fließen,
denn obwohl das Risiko einer Enttäuschung real ist,
Liebe ist der einzige Schlüssel, der die Tür zum Glück öffnet.
Denken Sie daran, dass Liebe ein Geschenk ist,
die nur mit dem Herzen gegeben werden können,
und selbst wenn wir Angst haben, verletzt zu werden,
es ist besser, es zu versuchen, als mit Zweifeln und Schmerzen
zurückzubleiben.

Ängste

Menschliche Ängste sind dunkel,
verstecken sich in den Schatten des Geistes,
wie eine allumfassende Wolke,
die das Licht, das uns leben lässt, trüben.
Die Angst vor dem Versagen lähmt uns,
Wir befürchten, dass wir der Aufgabe nicht gewachsen sind,
und nicht in der Lage sind, das gewünschte Ziel zu erreichen,
und an der Küste des Lebens gestrandet sein.
Die Angst vor der Einsamkeit macht uns Angst,
Wir haben das Gefühl, dass uns niemand haben will,
und die Leere in unserer Brust wird groß,
wie ein schwarzes Loch, das uns verschlingt.
Die Angst vor dem Tod verfolgt uns,
fühlen wir uns verletzlich und hilflos,
und die Gewissheit, dass er eines Tages kommen wird,
erschüttert uns zutiefst.
Und damit die Ängste der Menschen,
Sie lenken uns von dem ab, was wirklich wichtig ist,
und lässt uns in einem Abgrund von Traurigkeit zurück,
ohne zu wissen, wie man aus diesem Gefängnis entkommen kann.

Eine Träne des Abschieds

Die Verabschiedung erfolgte mit Tränen in den Augen,
Dein Weggang hinterlässt eine Leere in meiner Seele,
Ich weiß nicht, wohin du gehst, welche Wege du gehen wirst,
Ich habe Angst vor dem Unbekannten, das dich erwartet.
Die Angst frisst mich auf und lässt mich zittern,
Ich möchte nicht verlieren, was ich so sehr geliebt habe,
Ich habe mich mit aller Kraft an dich geklammert,
und jetzt fällt es mir schwer, loszulassen und dich loszulassen.
Ich weiß, dass du nie zu mir zurückkommen wirst,
dass deine Liebe jetzt einem anderen gehört,
und der Schmerz in meiner Brust wird immer stärker,
zu wissen, dass ein anderer in seinem Körper dich küssen wird.
Der Gedanke, dass von anderen Ablegern haben wird,
Ich habe das Gefühl, dass mir das Herz herausgerissen wird,
und obwohl ich weiß, dass ich loslassen muss,
die Liebe, die ich für dich empfunden habe, wird immer in mir leben.
Und jetzt, mit einem Kloß im Hals,
Ich verabschiede mich mit gebrochenem Herzen,
in der Hoffnung, dass Sie auf Ihrem Weg Glück finden werden,
und dass Sie mir vielleicht eines Tages meine Schwäche verzeihen
werden.

Danke, Mama

Mutter, du bist mein Sonnenschein
das meinen Weg erhellt
In deinen Armen finde ich Liebe
Da fühle ich mich wie ein Kind.
Du bist mein Schutzschild
in dir finde ich Sicherheit
du hast mich gelehrt, mutig zu sein
und du hast mich nie fallen lassen.
Deine Liebe ist die reinste und aufrichtigste
du verurteilst mich nie, du akzeptierst mich immer
du bist mein Führer und meine Inspiration
Danke, dass du mein ständiger Begleiter bist.

Liebe zur Familie

Die Familie ist meine Stärke
meine Zuflucht in schwierigen Zeiten
in seinen Armen finde ich Trost
und in seiner Liebe, dem größten aller Geschenke.
Gemeinsam sind wir ein Team
der zu dir steht durch dick und dünn
wir feiern Erfolge und Triumphe
und wir erheben uns gemeinsam von unseren Stürzen.
In unserer Einigkeit finden wir Stärke
alle Widrigkeiten zu überwinden
unsere Liebe ist unendlich
und wir werden immer im Glück vereint sein.

Liebe als Paar

In dir finde ich mein Glück
meine Seelenverwandte, meine bessere Hälfte
Deine Liebe ist mein größter Schatz
und in deinen Armen finde ich Frieden.
Gemeinsam sind wir ein perfektes Team
die jederzeit unterstützt wird
unsere Liebe ist ein ewiges Feuer
die uns immer zusammenhält.
In deinem Lächeln finde ich Hoffnung
und in deinen Augen sehe ich meine Zukunft
unsere Liebe ist das größte aller Geschenke
und wird nie seinen Glanz und seine Brillanz verlieren.

Leben

Das Leben ist ein Abenteuer
und die Liebe ist unser Führer
in Ihrer Gesellschaft finde ich
die Kraft, jeden Tag weiterzumachen.
Du bist mein Komplize in der Freude
und in der Traurigkeit mein Trost
deine Liebe ist meine größte Sehnsucht
und gemeinsam bauen wir unseren Traum.
In deinen Augen finde ich Frieden
die mir das Gefühl der Vollständigkeit gibt
In deinen Armen finde ich Liebe
das mich vollständig ausfüllt.
Gemeinsam gehen wir durchs Leben
Überwindung der Hindernisse auf dem Weg
unsere Liebe ist die stärkste
und wird nie seinen Glanz und seine Bestimmung verlieren.
Ich liebe dich mit meinem ganzen Wesen
Du bist mein Ein und Alles, meine Sonne im Morgengrauen
unsere Liebe ist ein Schatz wie kein anderer
und wird immer in unserem Haus präsent sein.

Dankeschön

54

Fin